Florenz

lieben lernen

*Der perfekte Reiseführer für einen unvergessli-
chen Aufenthalt in Florenz inkl. Insider-Tipps
und Packliste*

Natalie Schreiber

✈ INHALT

Ciao! – Hallo!

Florenz, eine der schönsten und geschichtsträchtigsten Städte in der Toskana, bietet unzählige Abenteuer, Erfahrungen und Eindrücke. Daher gilt Florenz zurecht als eines der beliebtesten Urlaubsziele Italiens.

Gehen Sie mit mir auf eine Reise durch die Wiege der Renaissance. Wandern Sie auf den Spuren der Römer, entdecken Sie die alten Meister und genießen Sie die rustikale Küche der Toskana. Ganz gleich, ob Ihr Interesse auf Geschichte, Kunst oder Entspannung liegt, Florenz bietet jedem Reisenden einen Urlaub, an den man gerne zurückdenkt.

In diesem Ratgeber werden wir nicht nur einen kleinen Blick in die Geschichte Florenz' werfen, sondern auch die schönsten Sehenswürdigkeiten kennenlernen, die bodenständigen Bewohner, ihre mit Wein bewachsenen Dächer und schmalen Pflasterstraßen, geheime Orte, abseits vom Gedränge der Touristen, die besten Hotels und Restaurants und natürlich auch das Nachtleben Florenz'. Mischen Sie sich unter das Florentiner Partyvolk und besuchen Sie die angesagtesten Nachtclubs, die einheimische Jazz-Szene oder lassen Sie sich in einer der sympathischen *Caffeteria* mit erfrischenden Cocktails verwöhnen.

Wir werden auch einen Blick auf die praktischsten Anreisemöglichkeiten nach Florenz werfen. Alle Vorschläge für Sehenswürdigkeiten sind entsprechend mit Dollarsymbolen gekennzeichnet, je nachdem, mit welchem Kostenpunkt der Leser rechnen muss.

Mit diesem Ratgeber sollte Ihren Tagen im sonnigen Florenz nichts mehr im Wege stehen. Also dann: Viel Spaß beim Erkunden!

Firenze – Florenz

Jede erdenkliche Grünschattierung prägt im Sommer die Landschaft der Toskana. Weiche Hügel, die scheinbar dahin wogen, bewachsen von üppigen Olivenhainen und Zypressen, die an urigen Trampelpfaden emporragen. In der Ferne ist vereinzelt ein Anwesen zu entdecken. Zikaden zirpen fleißig im Schatten hoher Pinienkronen. Die Landschaft durchzieht der Fluss *Arno*, an seinen Ufern liegt ein weltberühmtes Wahrzeichen Italiens: Florenz.

DIE BEWOHNER

Im Süden der Stadt, abseits der touristischen Ballungsgebiete im Arbeiterviertel *Oltrarno* gehen die bodenständigen Florentiner ihrem Alltag nach. In Richtung des *Piazza dei Pitti* begegnet man den typischen schmalen Pflasterstraßen, gesprenkelt mit dem praktischen Fortbewegungsmittel des motorisierten Rollers. Dieser ist unter Florentinern sehr beliebt, da viele Straßen zu eng für Automobile sind und sich der erfrischende Fahrtwind auf einem Roller doch viel besser anfühlt, als hinter Glasscheiben gefangen zu sein.

Die antiken Pflasterwege, gesäumt von hohen bewachsenen Gebäuden, schlängeln sich an kleinen Restaurants vorbei, aus denen es verführerisch nach frischer Pasta duftet. Sie führen an schattigen Bäumen und Cafés vorüber, in denen fleißige Studenten wichtigen Stoff pauken und sich die betagteren Florentiner morgens auf einen Cappuccino treffen, um die Zeitung zu lesen oder über die aktuellen Schlagzeilen zu diskutieren. Das Pflaster mündet schließlich an so manch einer Lichtung im Stadtgetümmel. Auf den zahllosen kleinen und großen Plätzen, plätschert oft ein Brunnen in der Mittagssonne gemächlich vor sich hin, lachende Kinder spritzen sich nass, Tauben beobachten das Geschehen müde aus den Baumkronen. Auf den Parkbänken wird eine Erfrischung eingenommen. Man hat es nicht ganz so eilig.

Anders bei den vielen traditionellen Handwerksbetrieben, in denen unter anderem Holz veredelt, Lederwaren bearbeitet, Gold geschmiedet und Diamanten auf Hochglanz geschliffen werden. Aus ihnen drängen geschäftige Geräusche. Die Luft knistert. Die Florentiner lieben ihr Handwerk und bereichern den Weltmarkt ständig mit neuen Werken aus verschiedensten Bereichen der Kunst und Mode. Aber auch Handel liegt den Florentinern im Blut, die unzähligen Schaufensterscheiben gewähren dem Interessierten Einblick in die Welten der sympathischen kleinen Lädchen. Aus ihnen lächeln den Beobachter zauberhafte Kleinwaren jeglicher Art an. Ganz gleich, ob große oder kleine Brieftaschen, von Groschenromanen bis luxuriöse Handtaschen, lässt sich hier alles erwerben, was den Entdecker begeistert.

Die feinen Künste sind fest mit der Florentiner Kultur verwurzelt und es ist daher nicht verwunderlich, dass sich in den Straßen Florenz' viele Begabte finden lassen. Einige Künstler malen in Minuten großartige Karikaturen oder farbenfrohe Aquarelle. Andere spielen dem Zuhörer auf ihren Instrumenten klassische Melodien. Man spürt das *dolce vita*, das süße Leben, in den Straßen. Die Einheimischen sind stolz, eine Stadt, die so reich an Geschichte und Kunstschätzen ist, ihre Heimat nennen zu können, aber auch ihre Sprache liegt ihnen am Herzen. Temperamentvoll unterhalten sie sich mit weitläufiger Gestik über ihre Lieblingsthemen: Familie, Arbeit und die gute Küche.

Anders als in Deutschland, gilt unter den Italienern nicht das Frühstück als wichtigste Mahlzeit des Tages. Das Augenmerk wird hier auf den Genuss am Abend gelegt, dem die Florentiner in den ausgezeichneten Restaurants und Wirtshäusern nachgehen. In den *Ristoranti, Osterie* und *Trattorie* werden herzhafte Gerichte, wie das *Bistecca alla Fiorentina*, serviert, Steak nach florentinischer Art. Obligatorisch wird nach den Speisen ein heißer Espresso getrunken. Bei gedämmtem Licht klingt der Abend aus.

Die Bewohner Florenz' zeichnen sich durch Vielfalt und Herzlichkeit aus. Sie werden sehen: Es wird

Ihnen leichtfallen, sie lieb zu gewinnen.

DIE GESCHICHTE

Auch Florenz wurde nicht an einem Tag erbaut. Angefangen mit der Gründung von *Julius Cäsar* im Jahre 59 v. Chr. war *Florentia*, nach der römischen Göttin der Blumen *Flora* getauft, eine militärische Befestigungsanlage, genannt *colonia*. Sie diente hauptsächlich der Verteidigung bestimmter Knotenpunkte des Römisches Reiches und als Niederlassung für Veteranen, denen nach erfolgreichem Dienst im Militär kleinere Landstriche zugeteilt wurden, die sie bestellen konnten. Deshalb wurde *Florentia* zum größten Teil von Soldaten und ihren Familien bewohnt.

Wie bei allen Befestigungsanlagen der Römer, wurde auch diese *colonia* nach festen Regeln errichtet, welche der quadratische Aufbau der Straßen im historischen Zentrum noch heute erkennen lässt. Ursprünglich war der Kern ein Militärlager, genannt *castrum*. Die Kathedrale *Santa Maria del Fiore* ragt beispielsweise in der nordöstlichen Ecke des ehemaligen *castrums* empor.

Aber schon einige Jahrhunderte später stieg

Florentia schnell zu einer größeren Handwerks- und Handelsmacht auf, begünstigt durch die wichtige geographische Lage, denn viele Handelsrouten, wie zum Beispiel die *Via Cassia*, die auch heute noch existiert, führten durch Florenz nach Rom und zu anderen wichtigen Knotenpunkten. Auch der Fluss *Arno* spielte dabei eine wichtige Rolle, da er den Handel durch Schifffahrt ermöglichte.

Nachdem die Stadt in Auseinandersetzungen mit dem byzantinischen Reich, Hauptstadt Konstantinopel, fast völlig in Schutt und Asche gelegt worden war, begann die Blütezeit Florenz' um das späte 15. Jahrhundert erneut. Zu dieser Zeit wurde die antike Philosophie der Griechen und die beachtliche Weisheit der Römer neu entdeckt. Das Zeitalter der Renaissance war angebrochen und ebnete damit den Weg in eine der kultur- und kunstreichsten Städte Europas. Die ausgesprochen vermögende Bankiers- und Kaufmannsfamilie *Medici,* die ihr Vermögen mit Textilhandel erwirtschaftete, wirkte tatkräftig mit Aufträgen, Handel und Spenden am rasanten Aufstieg Florenz' mit. Sie war jahrhundertelang auch in die Politik und damit auch in Affären verstrickt, die sich um den Adel und die Kirche rankten.

Weltberühmte Florentiner Künstler wie *Donatello*, *Michelangelo Buonarroti* und *Leonardo da Vinci* schufen zur Zeit der Renaissance viele ihrer berühmtesten Meisterwerke. *Donatello,* berühmt für seine unangefochtene Handwerkskunst in der Bildhauerei, *Michelangelo* für seinen *David* und *Leonardo da Vinci* ist bekannt als beispielloses Genie seiner Zeit. Unter seinen unzähligen Skizzen finden sich die ersten Modelle zu Flugapparaturen. Er beschäftigte sich unter anderem mit Anatomie, Biologie, Philosophie, Malerei und Bildhauerei. Ein Mensch der Renaissance, wie er im Buche steht.

Doch auch die Kunst der Musik erreichte einen kulturellen Höhepunkt. Immer wieder entsprangen der Renaissance neue Innovationen. Es wurden die Klanghöhe der Stimmen, wie zum Beispiel *Bass* oder *Tenor*, beschlossen. Die *Camerata Fiorentina*, ein Zusammenschluss aus adeligen Musikern, Dichtern und Philosophen, entwickelte im 16. Jhd. eine neue Art von Musik, die Monodie. Ein instrumentalisch begleitetes Gedicht, im Solo kraftvoll gesungen. Mit der Gefühlswelt der Menschen als neuen Mittelpunkt revolutionierten die *Camerata* die Musikwelt und nahmen somit großen Einfluss auf die folgenden

Epochen.

Mit der Erfindung des Buchdruckes in Europa im 15. Jh. durch *Johannes Gutenberg*, brachen auch neue Zeiten im Bereich der Literatur an. Es lassen sich unzählige Abhandlungen über die Facetten des Humanismus finden, einer geistigen Strömung der Renaissance. Sie zeichnet sich vor allem durch ihre radikale Haltung zur Entfaltung des Menschen aus. Durch das Anhäufen von Wissen sollten die Humanisten ihren Normen am nächsten kommen. Dazu gehörte das Beherrschen der Dichtkunst sowie der Rhetorik. Sie verstanden sich als Gelehrte, grenzten sich nachdrücklich von den Geisteswelten des Mittelalters ab und forderten umfangreiche Bildungsreformen. Zu den namhaftesten humanistischen Vertretern gehörte *Giovanni Pico della Mirandola,* der der Nachwelt nur drei veröffentlichte Schriften, unvollendete Werke und eine kleinere Menge an Gedichten hinterließ. Er starb 1494, im Alter von 31 Jahren, an einer Arsenvergiftung durch seinen Sekretär. So wurde ein größeres Erbe verhindert. *Picos* nie veröffentlichte Rede *De hominis dignitate*, „Über die Würde des Menschen", ist wohl sein bekanntestes Werk.

Bis ins 18. Jahrhundert hinein und mit dem schleichenden Untergang der *Medici*, nahm die Bedeutung der Stadt immer weiter ab, bis die Florentiner im 20. Jahrhundert erneut einen wirtschaftlichen Aufschwung durch Fernhandel und Industrie erlebten. Auch die Kunstschätze Florenz' erregten wieder weitreichendes Interesse auf der ganzen Welt. Der Tourismussektor nahm immer mehr an Bedeutung zu. Noch heute wollen viele Reisende die Renaissance in Florenz am eigenen Leib erfahren.

Mittlerweile ist Florenz mit ihren knapp 400.000 Einwohnern die acht bevölkerungsreichste Stadt Italiens und musste nichts von ihrer beflügelnden Atmosphäre einbüßen. Mehrere Millionen Touristen besuchen Florenz jedes Jahr. Kein Wunder: Sie beheimatet die wertvollsten Kunstschätze, die begabtesten Handwerker mit einer Historie, die bis zu den *Medici* zurückreicht und einer Auswahl an Angeboten für Reisende, die mit jeder größeren Metropole mithalten kann.

DIE STADTTEILE

Florenz ist in fünf Bezirke oder Quartiere, die *Quartieri*, gegliedert. Sie orientieren sich an den Grenzen der historischen Stadtviertel des Mittelalters, genannt *Sestieri.* Zu ihnen zählen das bereits erwähnte *Oltrarno*, sowie *San Pancrazio, San Piero a Scheraggio, San Piero, Duomo* und *Borgo*. Davor waren die Namensgeber, wie in vielen Städten, die Stadttore. Des Öfteren werden Bereiche der Stadt noch bei ihren ursprünglichen Namen genannt. Hier soll Ihnen allerdings ein Überblick über die heutigen offiziellen Bezirke gegeben werden.

Beachten Sie bitte das Hausnummern in Florenz einen einfachen Farbcode aufweisen können. Rote Hausnummern weisen auf eine Geschäftsadresse hin, während blaue Nummern private Haushalte aufzeigen. Dies ist allerdings nicht bei allen Adressen der Fall. Ein R oder B hinter der Hausnummer weist auf die jeweilige Farbe hin.

Centro storico
Mitten in Florenz liegt der 11 km² umspannende Bezirk des historischen Zentrums, das *centro storico*, welches 1982 von der UNESCO zum Weltkulturerbe

ernannt wurde. Unzählige Meisterwerke der Architektur schmiegen sich hier aneinander, atemberaubend gearbeitete Brunnen und die Spuren der weisen Römer. Einige der jüngsten Stadtmauern aus den ersten Jahrhunderten nach Christus wurden hier erbaut. Im *centro storico* gelegen, befand sich außerdem das oben bereits erwähnte *castrum*, das ursprüngliche Militärlager der Römer. Ebenfalls beeindruckende Museen, wie das *Museo Galileo*, wichtige Sehenswürdigkeiten, wie die Kathedrale *Santa Maria del Fiore* oder die Ausstellung der *Galleria dell'Accademia* befinden sich hier. Auch die *Grandi Stazioni*, der Hauptbahnhof, liegt im Zentrum. Im Stadtkern ballen sich die meisten Touristen, aber auch die besten Eindrücke und das florierende Leben.

Rifredi

Nördlich des Zentrums gelegen befindet sich der mit etwa 28 km^2 größte Bezirk *Rifredi*. In diesem Quartier lassen sich neben dem Flughafen Florenz', ebenfalls historische Sehenswürdigkeiten finden, wie zum Beispiel eine Befestigungsanlage aus dem 16. Jh., die *Fortezza da Basso*, an der nördlichen Grenze zum *centro storico*. Lange Zeit wurde sie militärisch genutzt, dient aber mittlerweile unter anderem als

Konzert- und Veranstaltungsbühne.

Des Weiteren befindet sich ebenfalls nahe des Zentrums, an der nördlichen Grenze, der *Piazza della Libertà,* auf dem der wunderschöne französische Triumphbogen *Arco di Trionfo dei Lorena* vor einem stolz plätschernden Brunnen emporragt. Es lohnt sich also doch, einen kleinen Abstecher in diesen Außenbezirk zu unternehmen.

Campo di Marte

Der zweitgrößte Bezirk, mit einer Fläche von etwa 23 km², überzieht den nordöstlichen Teil Florenz'. *Settignano* lässt sich dort finden, ein kleines Dorf, in dem der berühmte Maler und Bildhauer *Michelangelo* bei einem Marmorarbeiter seine Kindheit verbrachte. Nahegelegene Marmorsteinbrüche brachten viele Berühmtheiten wie *Michelangelo* hervor, darunter auch *Bartolomeo Ammanati*, der den berühmten *Fontana del Nettuno*, der Brunnen des Neptun, auf dem *Piazza della Signoria* im Zentrum Florenz', entworfen hat.

Die kleine Kirche im Zentrum *Settignano's* stellt außerdem einige Werke des Malers und Architekten *Santi di Tito* aus, welcher außer dramatischen religiösen Szenen auch berühmte Persönlichkeiten, wie zum Beispiel *Niccolò Machiavelli* porträtierte, auch bekannt als der Vater der modernen Politikwissenschaften.

Isolotto-Legnaia

Isolotto-Legnaia ist mit knapp 17 km² flächenmäßig der zweitkleinste Bezirk und ist westlich des Zentrums, jenseits des *Arno*, gelegen. Nahe den Flussufern, im Norden des Bezirkes, befindet sich der *Parco di Villa Strozzi*. Die *Strozzi* waren eine der reichsten und mächtigsten Familien in Florenz. Sie gehörte später sogar dem Florentiner Adel an. Nur die weltberühmte Handelsfamilie *Medici* konnten den *Strozzi* das Wasser reichen und nachdem diese genug politischen Einfluss gesammelt hatten, stürzten die *Strozzi* sie in den Ruin, sowohl politisch als auch finanziell.

Der vor Grün strotzende Park und die imposante Villa in dessen Mitte, zeugt von der einstigen Macht der *Famiglia Strozzi*. Um die umliegende Waldfläche zu vergrößern, kaufte der Besitzer *Lorenzo Strozzi* im 16. Jhd. die umliegenden Grundstücke auf und ließ die Fläche in seinen Garten integrieren. Der spätere Besitzer Prinz *Ferdinando Strozzi* veranlasste im 19 Jh. allerdings eine Renovierung des kompletten Parks und der dazugehörigen Häuser.

Nur im Sommer geöffnet, beherbergt die *Limonaia Villa Strozzi* heute eine Pizzeria und ist des Öfteren Bühne für Konzerte und andere Events. Seien Sie bei einem Besuch des Parks darauf gefasst, dass es, wie in vielen Parks Florenz', an manchen Stellen steil bergauf gehen kann. Trotzdem lohnt sich die Mühe allemal.

Gavinana-Galluzzo

Südlich des Zentrums, jenseits *Oltrarno's*, erstreckt sich das Stadtquartier *Gabinana-Galluzzo* über eine Fläche von etwa 22 km² und reicht damit flächenmäßig an die Stadtteile *Campo di Marte* und *Rifredi* heran. Einige altertümliche Kapellen und Sommervillen von wichtigen Persönlichkeiten befinden sich hier. Eine der ältesten Abteien ist wohl die *Abbazia di San Bartolomeo a Ripoli,* welche mit dem Baubeginn im 12. Jhd. auf eine über 800 Jahre alte Geschichte zurückblicken kann.

Weiter lässt sich hier auch die *Villa Rusciano* finden, welche einige Werke von *Brunelleschi* beherbergt und einen traumhaften Ausblick auf Florenz bietet. Ein weiteres erwähnenswertes Haus ist die

Villa del Bandino, welche von der reichen *Famiglia Baroncelli* bewohnt war. Ein Mitglied dieser Familie *Bernardo Bandini Baroncelli* war einer der Mitverschwörer bei einem Plot gegen die mächtige *Famiglia Medici* im 15. Jhd. (die Pazzi-Verschwörung). Wer einmal erleben möchte, wie ein wichtiger Diplomat und Staatsmann seine sonnigen Tage verbracht hat, der ist hier genau richtig.

DIE STADTMAUERN

Das Zentrum Florenz' wurde in ihrer über zweitausend Jahre währenden Geschichte von etwa sechs Mauerringen umzogen, welche nach und nach immer größere Ausmaße annahmen und immer wieder aus- und umgebaut wurden. Die beeindruckend hohen Türme und Tore dieser Mauern sind noch heute erhalten und bieten ruhige historische Inseln in einem sonst so schäumenden Meer aus Stadt.

Attrazioni –
Sehenswürdigkeiten

Unzählige Sehenswürdigkeiten reihen sich in ganz Florenz buchstäblich aneinander. Leider würde es den Rahmen dieses Ratgebers sprengen, jede Attraktion zu behandeln, dennoch versuche ich Ihnen in diesem Abschnitt ein Spektrum an Orten, Museen und Galerien zu bieten, mit dem Sie selbstsicher Ihre Reise beginnen können.

ATTRAKTIONEN

Cattedrale metropolitana di Santa Maria del Fiore
Kostenlos - $$

Die Kathedrale *Santa Maria del Fiore* ist wohl die bekannteste Attraktion in Florenz. Sie ist mit monumentalen Ausmaßen von 107 Meter Höhe und 153 Meter Länge eine der größten Kirchen Italiens und wenn Sie das erste Mal vor ihr stehen, verschlägt es Ihnen womöglich den Atem. Sie strahlt weises Altertum und Kunsthandwerk auf höchstem Niveau aus. Unter ihrem Dach können bis zu 25.000 Gläubige gleichzeitig Platz finden, um Messen beizuwohnen und zu beten.

Der Florentiner Dom gehört zum UNESCO Weltkulturerbe und ist der Feder mehrerer Architekten entsprungen. Angefangen mit dem Design des *Anolfo di Cambio* im Jahre 1296 dauerte der Bau der Kathedrale 140 Jahre, in denen noch andere Architekten den Bau leiteten, bis er schließlich unter Leitung von *Filippo Brunelleschi* im Jahr 1436 samt der nach ihm benannten markanten Kuppel eingeweiht wurde. Allerdings wurden bis ins 19. Jh. immer wieder Teile der Kathedrale angepasst, wie zum Beispiel die neogotische Fassade, welche zu dieser Zeit von

Emilio de Fabris überarbeitet wurde, nachdem man entschieden hatte, sie würde nicht mehr zeitgemäß aussehen.

Einen Blick ins Innere der Kathedrale sollte jeder Reisende in Florenz einmal gewagt haben. Es gibt viele Freskos zu bewundern, hervorzuheben ist eines von Maler *Domenico di Michelino,* welches den Philosophen und Dichter *Dante Alighieri* und eine Szene aus seinem Meisterwerk, die „Göttliche Komödie", zeigt. Der Philosoph wurde in Florenz 1265 geboren, hat hier gelebt und unter anderem politisch gearbeitet. Die *Divina Commedia* ist eine der bedeutendsten literarischen Werke der Menschheitsgeschichte und gewährt einen tiefen Einblick in die Glaubenswelt der mittelalterlichen Christen.

Jeder ist willkommen und kann den Dom daher kostenlos betreten und bestaunen. Allerdings zieht dieser Umstand auch hunderte von Metern lange Warteschlangen nach sich. Deshalb lege ich Ihnen wärmstens ans Herz, sich vor Ihrer Reise nach Florenz eine Führung bzw. Besuch durch den Dom, bis hinauf zur Kuppel zu buchen. Sie werden viele Angebote (auch deutschsprachige) im Internet finden. Mit durchschnittlich 50,- € pro Person lässt sich so eine Tour schon buchen und Sie sparen wichtige Stunden Zeit, die Sie viel besser mit Entspannen, Shoppen oder Romanzen verbringen können.

Basilica di Santa Croce
$-$$

Die etwas über 700 Jahre alte Franziskanerkirche *Santa Croce*, „Heiliges Kreuz", ist ein weiteres bedeutendes Wahrzeichen Florenz'. Sie ragt prachtvoll, nicht weit südöstlich der Kathedrale *Santa Maria del Fiore* auf. Obwohl die Franziskanische Kirche ein römisch-katholischer Bettelorden ist, konnten sie sich imposante Kirchen von dem besten Architekten entwerfen lassen. *Arnolfo di Cambio*, der Architekt der Kathedrale *Santa Maria del Fiore*, konzipierte auch die Basilika der Franziskaner. Ihre robusten Finanzen sind dem Umstand geschuldet, dass viele reiche Persönlichkeiten und Familien sich erhofften, durch großzügige Spenden an diesen frommen Orden von ihren Sünden freigesprochen zu werden. Nicht nur hohe Geldsummen lassen sich unter den Spenden finden, es wurden auch ganze Kirchenelemente samt Innenausstattung gestiftet. Es galt als absolut sicher, über die Bestattung in einer Basilika der Franziskaner ins Paradies zu gelangen, da diese jeden Tag unter anderem intensiv für die verstorbenen Seelen beteten und um Vergebung baten.

Nun ist es nicht mehr verwunderlich, weshalb diese Franziskanerkirche vor Extravaganz nur so strotzt. Mit ihrer im 19. Jh. vom Architekten *Nicolò Matas* entworfenen leuchtend weißen Fassade aus Marmor strahlt sie prunkvoll neogotische Eleganz aus. In ihrem Inneren hängen kostbare antike Gemälde, die von sakralen Glasfenstern in buntes Licht getaucht werden. Wunderschöner Freskenschmuck steht zur Besichtigung bereit, sowie ein sehenswertes Museum der Kirche.

Hier kann auch das berühmte *crocefisso,* das Kruzifix des Malers *Cenni di Pepo* besichtigt werden. Unter dem Spitznamen *Cimabue* bekannt, ist *Pepo* berühmt dafür, als einer der Ersten mit den Techniken der mittelalterlichen Kunst gehadert zu haben. Hauptmerkmale des italo-byzantinischen Stiles aus dem 4. bis 15. Jh., sind hoch-stilisierte, flach erscheinende Formen. *Cimabue* aber legte sein Augenmerk auf anspruchsvollere Körper, die lebensechter wirkten und auf fortgeschrittene Schattierungen, die die Vitalität der Körper unterstrichen. Das *crocefisso* bietet ein hervorragendes Beispiel seiner

Experimentierfreudigkeit. Er hatte bedeutenden Einfluss auf die Malerei der folgenden Kunstepochen und ist heute auch als Begründer der westlichen Malerei bekannt.

Allerdings ist die *Basilica di Santa Croce* nicht nur wegen ihrer kostbaren Kunstschätze und ihrer imposanten Architektur weltberühmt. Vor allem die hier bestatteten Persönlichkeiten machen sie zu einem so sagenumwobenen Ort. Glorreiche Namen wie *Galileo Galilei*, *Michelangelo* und *Machiavelli* schmücken hier die Inschriften der kunstvoll gefertigten Grabstätten. Daher trägt die Franziskanerkirche auch den Beinamen *Pantheon von Florenz*.

Einige dieser unersetzlichen Werke, darunter auch das Kruzifix, wurden bei einer Überflutung im Jahr 1966 leider in Mitleidenschaft gezogen, aber bestmöglich von Experten restauriert.

Rechnen Sie auch hier mit langen Warteschlangen. Eintrittskarten vor Reiseantritt im Internet zu buchen empfiehlt sich bei den meisten Attraktionen im Zentrum Florenz'. Der Eintritt von rund 8,- € pro Erwachsenen, inklusive Museumsbesuch, ist recht erschwinglich. Doch bieten Führungen durch die Basilika das bestmögliche Erlebnis um Wissen zu

vertiefen. Mit einem Kostenpunkt von rund 50,- €
pro Person muss man für diese aber schon etwas tie-
fer in die Tasche greifen. Der Besuch lohnt sich aber
allemal und sollte bei jeder Sightseeing-Tour auf der
Liste stehen.

Palazzo Pitti

Das riesige Monument der Familie Medici befindet
sich am Rande der *Boboli Gärten*, südlich des *Arno*.
Der Bau hat 1458 im Auftrag des florentinischen
Bankiers *Luca Pitti* begonnen. Noch heute ist der ei-
gentliche Architekt unbekannt. Um ihn ranken sich
viele Mythen. *Brunelleschi* kommt als Architekt in
Frage, dieser verschied aber zwölf Jahre vor Baubeginn und das Design des Palastes lässt außerdem Hy-
pothesen über andere Architekten offen. 1472 verschied *Luca Pitti* vor Vollendung des Palastes. Im
Jahre 1549 wurde das Anwesen von den *Medici* erworben, welche die Räume mit unschätzbar wertvollen Gemälden, Juwelen und anderen Schätzen
füllten. Der Palast wurde immer wieder über die
Jahrhunderte hinweg aus- und umgebaut. Um Raum
zu schaffen, wurden, wie bei vielen der großen Pa-
läste Florenz', auch hier die umliegenden

Grundstücke aufgekauft und die Gebäude darauf abgerissen. Der Palast sollte ein Monument werden, größer und imposanter als jedes andere in Florenz. Entgegen der damalig üblichen Mode verwendete der Architekt gewaltige Formen und rustizierte massive Steine. Der Betrachter spürt förmlich das Gewicht des Gebäudes, sowohl politisch als auch materiell. Die überproportionalen Fenster sind dem Wunsch des *Luca Pitti* geschuldet, nach dem die Fenster größer sein sollten, als die Eingangstüren des *Palazzo Medici Riccardi*. 1919 wurde der Palast von König *Victor Emmanuel III* an die italienische Regierung gespendet. Heute ist die Ausstellungsfläche des Palastes die größte Florenz'.

In den weiten Räumen des Palastes befinden sich mehrere Museen und Ausstellungen. Die Palatine Galerie der *Medici* entzückt mit wertvollen Gemälden aus den Epochen der Renaissance und Barockes: mit *Raphael*, *Correggio* und vielen anderen europäischen Meistern. Die Galerie der modernen Kunst stellt wundervolle Werke von größtenteils italienischen Künstlern aus dem 18., 19. und 20. Jh. aus. Die Galerie der Mode und Kostüme beherbergt über 6000 Ausstellungsstücke von Mode und Accessoires aus verschiedenen Jahrhunderten und ist das einzige Modemuseum Italiens. Das Silber-Museum stellt die kostbarsten Gegenstände aus dem Besitz der *Medici* aus. Feines Porzellan, funkelnde Juwelen, Elfenbeinvasen und vieles mehr. Das Porzellan-Museum beherbergt eine der schönsten Kollektionen an Porzellanartikel aus dem Bestand der Adelsfamilie *Savoy*.

Besuchen Sie auch unbedingt den angrenzenden *Boboli*-Garten. Er steht dem Palast in Sachen Größe in nichts nach und ist ein weiteres Monument der *Medici*-Dynastie.

Für den Zutritt zu allen Museen und Ausstellungen muss mit einem Kostenpunkt von etwa 15,- € gerechnet werden. Auch hier wird die vorherige Reservierung empfohlen, um Warteschlangen zu vermeiden.

Palazzo Strozzi

Etwas nördlich der Brücke *Santa Trinita,* im Stadtzentrum, befindet sich das Haus der Familie *Strozzi*. Im Jahre 1489 begannen die Bauarbeiten für diesen prächtigen Palast. *Filippo Strozzi* ließ ihn von dem Architekt *Benedetto da Maiano* entwerfen, welcher schon an Palästen wie dem *Palazzo Vecchio* gearbeitet hatte. Andere Gebäude mussten vor Baubeginn erworben und abgerissen werden um Platz für den Palast zu schaffen. Denn der Architekt war angewiesen, den Palast so zu entwerfen, dass er dem der *Medici* in Größe und Imposanz in nichts nachsteht. Der Palast sollte nicht nur Ausdruck von Macht und Einfluss des *Filippo Strozzi* und seiner Familie sein, es war auch ein klares politisches Statement, besonders an die *Medici* gerichtet.

Der mächtige Adel und die reichsten Familien versuchten sich immer wieder mit größeren und imposanteren Palästen zu übertrumpfen. Daher findet man viele einzigartige Bauwerke in Florenz. Der Palast wurde vor *Filippo Strozzi's* Tod 1491 nicht fertiggestellt. Erst 1538 galt der Bau als weitestgehend abgeschlossen. Die *Medici* ergriffen ihre Chance und konfiszierten das Gebäude unverzüglich im Auftrag von *Cosimo I de' Medici*. Erst 30 Jahre später gab die Familie das Gebäude wieder an die *Strozzi* zurück. Bis in das 20. Jh. befand sich der Palast in ihren Händen. Nach der die Akquise durch das *Istituto Nazionale delle Assicurazioni* 1937, wurde der Palast 1999 dem italienischen Staat gespendet, der diesen noch heute betreibt.

Die Fassade des eindrucksvollen Palastes ist von rustiziertem Stein geprägt. An ihr hängen auch meisterhaft gearbeitete Fackelhalter, des Meisterschmieds *Niccolò Grosso.* Sie stellen die Form eines Drachen mit Menschenkopf dar. Von dem Palast der *Medici* inspiriert wurde beim Palast der *Strozzi* auf harmonischere Formen geachtet. Der Innenhof ist von Säulen und Rundbögen geprägt. Eine aristokratische Atmosphäre entsteht, die Macht der *Strozzi* ist hier fast greifbar.

Nicht nur die wunderschöne Architektur kann im *Palazzo Strozzi* bewundert werden. Sie beherbergt auch große Flächen für permanente Ausstellung über die Geschichte des Palastes und dessen einstigen Besitzer. Temporäre Ausstellungen der modernen und zeitgenössischen Kunst können ebenfalls besucht werden. Der Innenhof wird heute außerdem für verschiedene Social-Events und Lesungen verwendet.

Des Weiteren findet der Besucher im Hof das *Strozzi Café* traditionelle leichte Gerichte, Wein und Kaffee versüßen Ihnen den Besuch im Palast. Wer die Ausstellung des Palastes besuchen möchte, muss mit einem Ticketpreis von etwa 15,- € rechnen. Diese können direkt vor Ort am Ticketschalter oder auf der Webseite des Palastes online erworben werden. Eine Reservierung wird auch wegen der hohen Nachfrage empfohlen, ist aber zu bestimmten Zeiten nicht nötig.

Ponte Vecchio
kostenlos

In Florenz spannen viele Brücken über den *Arno*, allerdings sticht die *Ponte Vecchio* besonders ins Auge. Früher wie üblich mit den handwerklichen Stätten der Metzger, Gerber und Getreidehändler bebaut, wirkt diese Brücke von außen nun eher wie ein zauberhafter Ort aus einem guten Historiendrama. Mittlerweile sind hier fast ausschließlich Gold- und Silberhändler beheimatetet und bieten daher die perfekte Shopping-Gelegenheit für jeden, der ein ganz besonderes Souvenir mit nach Hause nehmen will.

Doch ist ein Gang über diese *Alte Brücke* auch für viele Geschichtsinteressierte ein Muss. Das erste Mal wurde sie in einem Dokument im Jahre 996 erwähnt. Die heutige Brücke wurde 1345 erbaut, nachdem sie durch Überflutung zweimal zerstört wurde. 1966 wurde sie bei einer weiteren Flut nochmalig schwer beschädigt.

Wenn Sie sie das erste Mal betreten, fällt besonders auf, dass es zuerst nicht offensichtlich ist, dass Sie auf einer Brücke wandern. Erst die Schneise in den hohen Häusern in ihrer Mitte offenbart den Blick auf den *Arno*. Hier findet sich auch eine im Jahr 1900 aufgestellte Büste zu Ehren des *Benvenuto Cellini*, der Anfang des 16. Jh. unter anderem als Goldschmied und Künstler gearbeitet hat. Sie gilt als besonders beliebter Treffpunkt unter den Florentinern und bevor es verboten wurde, hingen Pärchen sogenannte Liebesschlösser an ihr auf. Da sie die Statue beschädigten, wurden die Vorhängeschlösser 2005 entfernt.

Weitere

Palazzo Vecchio, Piazza della Signoria

Palazzo Bartolini Salimbeni, Piazza di Santa Trinita 1

Giardino di Boboli, Piazza de' Pitti 1

Palazzo Medici Riccardi, Via Camillo Cavour

Piazza della Repubblica

Ponte Amerigo Vespucci

AUSSTELLUNGEN

Le Gallerie degli Uffizi
$-$$

Direkt an den nördlichen Ufern des Arno, einen Steinwurf östlich der *Ponte Vecchio,* befindet sich die Galerie der Uffizien. *Giorgio Vasari,* der außer Architekt auch als Biograph für berühmte Künstler, wie *Leonardo da Vinci,* gearbeitet hat, entwarf im 16. Jh. das stattliche Gebäude. Zuerst war es als Räumlichkeiten für die administrativen und legislativen Ämter gedacht, welche das Erdgeschoss einnahmen. Aber schon um das Jahr 1580 waren durch *Francesco I* im zweiten Stock Räume zur Besichtigung der Kollektionen für die Öffentlichkeit freigegeben.

Seit Erbauung befindet sich hier eine stetig anwachsende Sammlung an Kunstschätzen, die heute zweifellos zu den bedeutendsten der Welt zählt. Sie reicht über zwei Stockwerke und besitzt eine riesige Ausstellungsfläche. Sie ist mit außergewöhnlichen Skulpturen und Werken der Malerei vom Mittelalter bis zur Moderne bestückt. Gerade die Kollektion des 14. Jh. und damit der aufblühenden Renaissance ist bemerkenswert. Mit Gemälden von *Boticelli,*

Leonardo da Vinci, Michelangelo, Raffaello und vielen anderen Meistern, gehört dieses Museum zu den Top-Attraktionen in Florenz. Auch die Kollektion der Bankiersfamilie *Medici*, welche bis ins 18. Jh. immer wieder Werke spendeten, lässt sich hier finden.

Die Eintrittskosten von etwa 20,- € sind etwas über dem Durchschnitt, dennoch ist der Besuch ein Erlebnis.

Accademia di Belle Arti Firenze
$-$$

Die Akademie der feinen Künste in Florenz war am Anfang der Renaissance die erste Universität für Malerei Europas. In ihren Räumlichkeiten lassen sich heute neben unvollendeten Werken *Michelangelos* auch sein berühmtestes Bildnis bewundern, *David*, gefertigt aus nur einem einzigen Marmorblock, über fünf Meter groß und sechs Tonnen schwer. Mit der Steinschleuder bewaffnet ist er bereit gegen den biblischen Riesen *Goliath* anzutreten. Seine Pose strahlt zwar Gelassenheit aus, bei genauerem Hinsehen aber lassen die heraustretenden Adern und gespannten Muskelstränge seiner rechten Hand erkennen, dass ihn der bevorstehende Kampf nicht ganz kalt lässt. Doch nicht nur das große handwerkliche

Geschick und die Detailfreude des *Michelangelo* macht seinen *David* zu so einem außerordentlichen Werk, es war das erste Mal, dass ein Künstler ihn vor dem Kampf darstellte und nicht danach. Die Aufmerksamkeit wird absichtlich auf den bevorstehenden Kampf gelenkt, weg vom sicheren Sieg. *Michelangelo* hat drei Jahre gebraucht, um diesen Koloss aus Marmor zu hauen und dieser ist definitiv ein Muss für Kunst- und Geschichtsliebhaber.

Des Weiteren können in der *Accademia* auch eine beachtliche Anzahl antiker Gemälde, wie *Botticellis* berühmte *Madonna von dem Meer,* bewundert werden. Die Galerie enthält außerdem noch die besten Gipsmodelle des berühmten Bildhauers *Lorenzo Bartolini.*

Auf der Webseite des Florentiner Museums können Sie mit etwa 45,- € pro Erwachsenen Führungen durch das Museum der *Accademia* buchen, ansonsten können auch vor Ort Eintrittskarten für etwa 20,- € pro Erwachsenen erworben werden. Um lange Warteschlangen zu vermeiden, empfiehlt es sich auch hier, vorab Eintrittskarten im Internet zu buchen. Mit nur ein paar Minuten Fußweg vom Dom *Santa Maria del Fiore* in Richtung Norden, ist die

Ausstellung leicht über Wegweiser zu finden.

Es gibt in Florenz neben der originalen *David*-Statue auch noch zwei originalgetreue Repliken. Eine steht auf dem *Piazzale Michelangelo* und eine weitere auf ihrem ursprünglichen Platz auf dem *Piazza della Signoria* vor dem *Palazzo Vecchio.* Um Sie vor den Witterungsbedingungen zu schützen, steht die Original-Statue mittlerweile allerdings unter dem Dach der Akademie und kann dort nur mit Kosten verbunden besichtigt werden.

MUSEEN

Museo Galileo
$-$$

Wer hat nicht schon einmal von *Galileo Galilei* gehört. Titel wie „Vater der modernen Astronomie" oder „Vater der modernen Physik" schmücken seinen Namen. Außerdem gilt er auch als Begründer der auf Beobachtung beruhenden Erarbeitung von Daten in der Wissenschaft. *Galileo* zählt mit Persönlichkeiten wie *Leonardo da Vinci* zu den unangefochtenen Genies der Renaissance. Seine Arbeiten umfassen große Bereiche der Astronomie, Physik und Ingenieurskunst. Auf allen Gebieten stach er durch seine fortschrittlichen Ideen hervor. Am bekanntesten ist er für seine energische Vertretung des heliozentrischen Weltbildes, diesem zur Folge ist die Sonne im Mittelpunkt unseres Sternensystems gelegen und nicht, wie vorher im geozentrischen Weltbild angenommen, die Erde. Für die christliche Kirche war dies selbstverständlich ein Skandal. Die Schöpfung Gottes nicht im Mittelpunkt der Sterne? Ein Sakrileg! Galileo aber konnte mit empirischen Beweisen und fundierter Mathematik das Gros der Menschen überzeugen und ging somit als einer der fortschrittlichsten Geister seiner Zeit in die Geschichte ein.

Das Museum umfasst nicht nur das Leben des Galileo Galilei und seine Forschung. Sowohl die florentinische Familie *Lorraine* als auch die Medici interessierten sich brennend für vielen naturwissenschaftlichen Fächer, wie Physik, Astronomie, Anatomie und Biologie. Auch Mathematik war von großem Interesse. In der Medici-Sammlung der ersten Etage glänzen Apparaturen unter den Glasscheiben der Vitrinen, die wie aus einem *Jules Verne* Roman entsprungen zu sein scheinen. Überaus interessante wissenschaftliche Werkzeuge der Renaissance lassen sich hier begutachten. Altertümliche

Mikroskope, goldglänzende Kompasse und riesige Armillarsphären mit unbegreiflichen Gravuren versetzen den Besucher 500 Jahre in die Vergangenheit. Auch speziell von Galileo angefertigte Werkzeuge sind in dieser unschätzbaren Sammlung enthalten.

Der zweite Stock umfasst größtenteils die Sammlung der Familie *Lorraine*. Jegliche Art wunderschön gearbeiteter Gerätschaften für mysteriöse Zwecke lassen sich hier finden. Darunter mechanische Apparate und Messwerkzeuge, wie Uhren, Sextanten, Oktanten, Gewichte und Laborgeräte.

Des Weiteren bietet das Museum auch temporäre Ausstellungen zu vielen verschiedenen Themen an und besitzt eine historische Bibliothek. Auf der Webseite des Museums können Sie durch einen virtuellen Rundgang schon einen ersten Eindruck gewinnen. Es gibt hier keinen bevorzugten Einlass. Die Wartezeiten für Eintrittskarten vor Ort beschränken sich auf angenehme fünf bis zehn Minuten. Es stehen zwar auch Führungen für insgesamt etwa 75,- € pro Person zur Auswahl, die Kosten für eine normale Besichtigung sind aber mit rund 10,- € pro Erwachsenen relativ gering. Also viel Spaß beim Entdecken!

Tipp: Das *Museo Galileo* ist Teil des *Firenze Card* Zusammenschlusses. Für weitere Informationen, siehe Sektion *Firenzecard* im Kapitel *Suggerimenti – Die heißesten Tipps.*

Museo della Moda e del Costume

Das Museum der Kostüme und Fashion direkt am südlichen Flügel des *Palazzo Pitti* im *Palazzina della Meridiana*, gehört zur Ausstellung der Uffizien. 1830 wurde das Gebäude, entworfen vom Architekten *Gaspero Maria Paoletti* mit einer Bauzeit von über 50 Jahren fertiggestellt. Es sollte 1983 das erste Staatsmuseum Italiens beherbergen, welches sich mit Themen der Mode und ihren soziokulturellen Auswirkungen beschäftigt.

Es lassen sich in der Ausstellung die hochfein gearbeitete Kleidung des Adels aus dem 16. Jh. bewundern, darunter einige Grabestrachten verschiedener Angehöriger der Familie *Medici*, wie die aus Satin gefertigte Kleidung des *Don Garzia de' Medici* aus mehreren Teilen, welche einen tiefen Einblick in die Machart der historischen Kleidung gewähren. Die unumstrittene Hingabe der florentinischen Schneider und Designer lassen sich an dem mit wunderschönen Blumenreliefs verzierten Stoff mit Leichtigkeit ablesen. Satte Farben waren angesagt. Aber auch bedeutende Stücke aus der Moderne und der Jahrhunderte davor warten hier auf sie. Glitzernde tiefschwarze Abendkleider, weinfarbene weite Röcke mit goldenem Faden aufwendig verziert und die hochfein gearbeiteten Anzüge der adeligen Männer. Sogar die ein oder andere Unterwäsche lässt sich hier bestaunen.

Es werden auch immer wieder interessante Exkursionen angeboten. der Eintrittspreis beläuft sich auf 7,- €, normalerweise ist darin auch der Zutritt zu den *Boboli-/ Bardini*-Gärten und zu anderen kleineren Museen enthalten.

La Specola

Das Naturkundemuseum Florenz', nahe dem Pitti-Palast, gehört zur Universität und ist Teil ihres Museumssystems. Sie fasst unter diesem Titel ihre Ausstellungen über wissenschaftliche und künstlerische Themen zusammen. Sie sind in verschiedenen Gebäuden in Florenz zu finden, zusammengenommen allerdings ist die Ausstellungsfläche der *sistema museale* eine der größten der Welt.

La Specola befindet sich westlich, nahe dem Pitti-Palast. der älteste Bauteil des Museums ist sein von *Cosimo I dei medici* in Auftrag gegebener Garten, der *Giardino dei Semplici*. Er diente zur Untersuchung von Pflanzen für medizinische Zwecke und wurde 1545 angelegt.

Der wohl berühmteste Teil des Museums ist der der anatomischen Wachsfiguren aus dem 18. Jh. Geradezu lebensecht liegen hier Wachskörper mit offenbarten Inneren in Glasvitrinen. Die *Medici* Kollektion der natürlichen Dinge wird hier ebenfalls ausgestellt. Sie soll die Natur als Ganzes darstellen und umfasst die Bereiche Anthropologie und Ethnologie, Mineralogie, Geologie, Chemie, Botanik, einem botanischen Garten und der Zoologie. Es ist eines der ältesten Naturkundemuseen Europas. Mit geringen Eintrittskartenpreisen von weniger als 10,- € macht sich der Besuch in diesem fantastischen Museum allemal bezahlt.

Weitere
Museo Nazionale del Bargello, Via del Proconsolo 4
Palazzo Vecchio, Piazza della Signoria
Ospedale degli Innocenti (Krankenhaus der

Unschuld), Piazza della Santissima Annunziata 12
Museo Novecento, Piazza di Santa Maria Novella 10
Gucci Garden, Palazzo della Mercanzia, Piazza della
Signoria 10

FOTOECKEN

In diesem Abschnitt zeige ich Ihnen besondere Orte,
an denen Sie die besten Fotos von Florenz schießen
können.

Piazzale Michelangelo
kostenlos

Der Platz wurde im 19. Jh. zu Ehren des Renaissance-
Bildhauers und -Malers *Michelangelo* von *Giuseppe
Poggi* angelegt. Er bietet einen atemberaubenden
Ausblick über Florenz und beherbergt in der Mitte
des Platzes eine Bronze-Kopie des *David*.

Er liegt im Stadtviertel *Oltrarno* bzw. am südlichen Rand des *centro storico* und kann am besten
über die *Lungarno Serristori*, Straße entlang des
Arno, erreicht werden. Der geschlängelte Weg *Viale
Giuseppe Poggi* führt dann hoch zur Aussichtsplatt-
form. Es kostet keinen Eintritt, doch möchten Sie
tagsüber vielleicht ein *Gelato* oder *Panino* von den

sympathischen kleinen Kioskständchen erwerben oder einen *Caffè* im nahe gelegenen Restaurant *La Loggia* zu sich nehmen. Dort könnten Sie auch auf den Sonnenuntergang warten, der Florenz in ein malerischen Orange-Rot taucht. Aber auch unter romantischem Sternefunkeln und Mondschein lohnt sicher der Ausblick auf die schillernde Weltstadt.

Giotto's Campanile

Unter Leitung des Meisterarchitekten *Giotto di Bondone*, wurde mit dem Bau dieses Wunderwerkes der Gotik 1334 begonnen. Der Glockenturm ragt markant neben dem Florentiner Dom mit imposanten 85 Metern empor und ist genau wie sein unmittelbarer Nachbar reich an Geschichte. Eine Besichtigung lohnt sich in jedem Fall, die Aussicht von der obersten Etage über Florenz und den *Duomo* ist unvergleichbar und geradezu exklusiv.

Giardino di Boboli

Ein weiterer exzellenter Fotospot ist der *Boboli*-Garten hinter dem *Palazzo Pitti*. Außer den unzähligen großartigen Motiven, wie Brunnen und Statuen, bietet sich auch hier ein unvergessliches Panorama über Florenz.

Alberghi - Die besten Hotels

D as Spektrum an Unterkünften ist genauso facettenreich wie das Leben in Florenz'. In den kleinen stylischen Hotels und Herbergen lassen sich komfortable Übernachtungen zu günstigen Preisen buchen. Gäste der edlen Hotels sind in ehemaligen Palästen der Aristokraten untergebracht. Ganz gleich für welche Unterkunft Sie sich entscheiden, das Gastgewerbe in Florenz lässt keine Nachfrage unbeantwortet.

Bitte beachten Sie, dass als wichtigste Mahlzeit

des Tages in Italien das Abendessen gilt. Zum Frühstück gibt es traditionell Cappuccino oder Saft und kleinere Gebäcke. Falls Sie auf ein ausgiebiges Frühstück nicht verzichten wollen, empfehle ich Ihnen, bei kleineren Hotels, sich vor Zimmerreservierung über den Umfang des Frühstücks zu informieren.

HOTEL PALAZZO GUADAGNI

Im Stadtteil *Oltrarno*, einen Steinwurf von den *Boboli*-Gärten und der *Ponte Vecchio* entfernt, liegt eine kleine Perle unter den Gasthäusern Florenz'. Eine prächtige Villa wurde vom Seidenhändler *Riniero di Bernardo Dei* 1505, auf dem *Piazza Santo Spirito* erbaut. Später wurde das Anwesen von der Familie *Guadagni* ersteigert. Es diente 1865, während Florenz die Hauptstadt Italiens war, dem Premierminister *Urbano Rattazzi* als Unterkunft.

Die Inneneinrichtung des Palazzo zeugt von feinstem Geschmack. Die Räume sind mit antiken Möbeln, Freskos und glitzernden Kronleuchtern dekoriert. Das gedämpfte Licht der Schirmlampen erhellt die Räume. Ein knisterndes Feuer im Karmin lässt die Muskeln entspannen. Vitale Palmengewächse und weiße Zimmerkallas schmücken die Möbel und unterstreichen damit das gemütliche Gesamtbild. Auf der *Loggia Roof* Bar im obersten Stock erwartet Sie ein traumhafter Ausblick über die Häuser Florenz' und die malerischen Berge, die sie umschließen. Die mit Säulen gesäumte Bar wird des Abends mit Laternen erleuchtet und erschafft eine entspannte Atmosphäre, die zu gedämpften Gesprächen einlädt.

Mit Preisen ab etwa 150,- € pro Übernachtung bietet dieses Hotel ein überdurchschnittliches Preis-Leistungs-Verhältnis. Es lassen sich auf dem Webauftritt des Hotels außerdem exklusive Angebote finden, die nirgendwo sonst zur Verfügung stehen. Besonderes außerhalb der Saison macht sich eine kleine Recherche durchaus bezahlt. Besuchen Sie also unbedingt vor Reiseantritt die Webseite dieser reizenden Unterkunft. Die Tische sind gedeckt und die Betten gemacht. Also los!

HOTEL SPADAI

****

Nur hundert Meter Luftlinie vom *Duomo* entfernt liegt das *Hotel Spadai*. Die Inneneinrichtung hält sich mit antiken Möbeln und Accessoires an den feinen Geschmack des 15. Jh. Die Zimmer und Suiten bieten aber auch einen exquisiten zeitgenössischen Stil.

Das Hotel lockt mit einem privatem Spa, welches Paare für einen romantischen entspannenden Tag mit Massagen, Erdbeeren und Prosecco zu schätzen wissen werden. Im exquisiten Hotel-Restaurant können Sie vorzüglich Speisen und das Observationsdeck auf dem Dach stellt außerdem einen der wenigen exklusiven Ausblicke auf den nahe gelegenen *Duomo* bereit. Die erstklassige Belegschaft erwartet Sie mit offenen Armen. Einem entspannten Urlaub steht hier nichts mehr im Wege.

HOTEL BERNINI PALACE

Zu einem der erstklassigsten Hotels im Zentrum gehört wohl unumstritten das *Hotel Bernini Palace*, hinter dem *Piazza della Signoria* gelegen, sind es nur zwei Minuten Fußweg zum *Duomo* und vielen anderen Attraktionen.

Das Gebäude des Hotels stammt aus dem 15. Jh. und ist ein historisch bedeutender Ort, aber in den Jahren, zwischen 1865 und 1871, in denen Florenz die Hauptstadt des Königreiches Italien war, kam dem damaligen *Columbia Parlamento Hotel* besondere Aufmerksamkeit zu. Es diente als Unterkunft und Treffpunkt hoher politischer Persönlichkeiten. Im ersten Stock finden sich Fresken, welche die Hauptakteure der *Risorgimento*, der italienischen Einigung, zeigen.

Die Räume sind einem fünf-Sterne-Hotel entsprechend elegant ausgestattet, mit antiken Möbeln und Betten, fein gearbeiteten Kommoden und Nachttischen, die bunte Tulpensträuße schmücken. Im erstklassigen Restaurant wird Ihr Gaumen verwöhnt. Die Lounge-Bar lässt keine Wünsche offen. Das *Hotel Bernini Palace* hat an alles gedacht.

NATALIE SCHREIBER

Ristoranti – Gefragte Restaurants

Die Italiener lieben unkompliziertes Essen. Der rustikale Charakter der mediterranen Küche strotzt nur so vor kulinarischen Erfahrungen. Vegetarier werden sie besonders zu schätzen wissen, da sehr viele Gerichte ohne Fleisch oder Fisch zubereitet werden. Aber auch damit wissen die italienischen Köche zweifellos umzugehen. In den *Ristoranti*, *Osterie* und *Trattorie* warten köstliche Spezialitäten nur darauf, von Ihnen probiert zu werden. Typische Speisen, wie die *Pappardelle alla toscana,* Pasta mit kräftiger Pilzsoße, lassen das Herz des Gourmets höherschlagen. Selbstverständlich werden dazu preisgekrönte Weine serviert. Auf der ganzen Welt schwärmen Begeisterte von berühmten Namen, wie *Brunello di Montalcino* oder *Chianti,* die zu den Besten ihrer Art gehören. Frische Zutaten aus regionalem Anbau sind Pflicht für alle Wirtshäuser, die etwas auf sich halten.

GEPFLOGENHEITEN

Die Bezeichnungen

Es wird im Italienischen zwischen drei Bezeichnungen für ein Wirtshaus unterschieden, nämlich *Osteria*, *Trattoria* und *Ristorante*. Wobei in einer *Osteria* und *Trattoria* zumeist nur Getränke und kleinere einfache Speisen zubereitet werden. Ein *Ristorante* führt normalerweise auch ein Menü mit mehreren Gängen und ist daher die größte Variante eines Wirtshauses. Eine *Pizzeria* beschränkt sich ausschließlich, ähnlich wie in Deutschland, auf die Zubereitung von Pizza und kleineren Beilagen. Der Beruf des Pizzabäckers ist in Italien eine anerkannte

Berufsausbildung und besitzt dadurch bedeutend mehr Prestige als dieser Arbeit in Deutschland zuteilwird.

Die Garderobe

Sandalen und kurze Hosen sind beim Essen gehen nicht gern gesehen. Der Italiener kleidet sich gerne in jeder Lebenslage stilsicher und geschmackvoll, ganz gleich ob Mann oder Frau. Gerade in Florenz, ist die Mode- und Fashion-Szene doch hoch angesehen, sollte man bei der Wahl der Abendgarderobe auf einen eleganteren Kleidungsstil achten.

Das Benehmen

Traditionell wird in anspruchsvolleren Restaurants im Bereich der Eingangstür gewartet, bis Sie von einem Kellner an Ihren Tisch geführt werden. Es lässt sich normalerweise ungesalzenes Brot auf den Tischen finden. Traditionell wird in der Toskana kein Salz beim Brot backen verwendet. Außerdem wird beim Genießen von Pasta auf die Verwendung eines Löffels verzichtet. Nach der frischen Zubereitung Ihrer Bestellung beginnt dann Ihre kulinarische Reise durch die mediterrane Küche.

Die Gänge

Häufig besteht das Mahl in einem *Ristorante* aus mehreren Gängen. Zuerst wird die *antipasto* serviert, die Vorspeise, die aus einfachen Gerichten, wie zum Beispiel in erlesenem Olivenöl und Kräuter eingelegte Tomaten, Auberginen und anderes Gemüse, besteht. Luftgetrockneter Parmaschinken, *Prosciutto di parma*, oder herzhafte *Salame Finocchiona* mit Fenchelsamen, gehören zur *anitpasto*. Aber auch das in Deutschland weitläufig bekannte geröstete Brot mit gewürfelten Oliven oder Tomaten, *Bruschetta,* zählt zu den üblichen Vertretern der Vorspeise.

Es folgt der erste von zwei Hauptgängen, der *primo piatto*, bei dem beispielsweise das bekannte norditalienische Reisgericht *Risotto* serviert wird, oder eine reichhaltige Suppe, wie die für die Toskana typische *Acquacotta*, die aus Weißbrot und Gemüse besteht. Aber auch Pasta steht auf dem Speiseplan des *primo piatto*. Die aus der Region um Florenz stammenden *Tortellini di Patate*, mit Käse und Kartoffeln gefüllte Teigtaschen, sollten unbedingt einmal probiert werden.

Im zweiten Hauptgang, dem *secondo piatto*,

werden üblicherweise Fisch- und Fleischgerichte serviert. *Cacciucco*, eine herrliches toskanisches Fischgericht aus Meeresfrüchten oder das berühmte *Bistecca alla fiorentina*, zartes Steak nach florentinischer Art, gehören oft zu diesem Gang.

Danach kommen die Dessertliebhaber auf ihre Kosten. Es wird Ihnen eine süße Nachspeise, die *dolce*, serviert. Probieren sie auch unbedingt die *Zuppa inglese*, ein aromatisches Buiscuitdessert der Toskana, ähnlich zum *Tiramisu*. Es wird normalerweise flambiert serviert. Grundlage der cremigen Füllung sind leckere Liköre. Anders als bei *Tiramisu* aber, sind sie unter anderem mit kandierten Früchten, wie Pfirsichen, Aprikosen oder Melonen, garniert. Sehr gut für einen warmen Sommerabend geeignet. Dazu wird klassisch meist der sehr süße *Vin Santo,* der heilige Wein, getrunken.

Ein Espresso wird dann gerne nach dem Dessert eingenommen, um dann das Essen abzuschließen.

Der Wein

Guter Wein ist fester Bestandteil italienischer Genusskultur. Er wird in der Toskana meistens Rot getrunken, allerdings finden sich durchaus auch wundervolle Schaum-, Rosé- und Weißweine. Wer einmal typisch toskanischen Wein ausprobieren will, kann mit den Namen *Chianti* und *Brunello di Montalcino* nichts falsch machen. Die Beratung vor Ort bietet aber die beste Möglichkeit, sein Wissen zu vertiefen und den Gaumen zu schulen.

Der Kaffee

Auch italienischer Kaffee wird in Italien traditionell nicht so getrunken, wie hier zu Lande. Zum Beispiel wird ein *Cappuccino* fast exklusiv zu einem typisch leichten Frühstück aus Früchten und Kuchen genossen.

Wer in Italien einen *Caffè* bestellt, bekommt mit hoher Wahrscheinlichkeit einen Espresso serviert. Es ist üblich, Espresso an der Theke auf die Schnelle in der Mittagspause oder bei Spaziergängen einzunehmen. Er gilt als wirksamer Wachmacher und wird meist im Stehen getrunken.

Das Trinkgeld

In Italien ist es nicht üblich Trinkgeld zu geben. Normalerweise wird ein Zuschlag, genannt *coperto*, direkt über die Rechnung erhoben. Sollte Ihnen auffallen, dass dieser Punkt auf der Quittung fehlt, steht es Ihnen frei, einen für Sie angemessenen Betrag zu entrichten. Falls er aber nicht fehlt und Sie rundum zufrieden waren, ist es kein Vergehen dem Kellner ein kleines Geldgeschenk zu machen. Allerdings sollten Sie darauf achten, dass Trinkgeld nur in Bar angenommen werden kann.

L'OSTERIA DI GIOVANNI

$$

Dieses typisch toskanische Restaurant sollte normalerweise unter dem Kapitel Tipps und Geheimnisse geführt werden, da es sich scheinbar noch nicht auf dem Radar der meisten Touristen bewegt. Es liegt mitten im Zentrum in der schmalen Via del Moro, südlich des Hauptbahnhofes.

Hier können Sie eines der schmackhaftesten Bistecca alla fiorentina Florenz' kosten. Sie speisen unter gewölbter Decke, kunstvolle Malereien hängen an den Wänden, es ist gemütlich. Man fühlt sich heimelig. Die Belegschaft Giovanni's bezeichnen sich als The Gang. Sie sind stolz auf ihre Wurzeln aus aller Welt, aber durchweg alle von ihnen tragen Florenz und die Toskana in ihren Herzen. Wie Giovanni selber sagt: Die toskanische Geschichte spricht laut und klar

aus unseren Gerichten. Das Essen ist köstlich, der Wein vorzüglich und die Atmosphäre familiär. Jeder ist willkommen. Eine Osteria zum Verlieben.

Eine telefonische Reservierung für einen Tisch wäre unter Umständen nötig, dennoch kann zur richtigen Zeit auch ein Tisch ohne Reservierung ergattert werden.

TRATTORIA ENZO E PIERO

$-$$

Reich an Historie blickt diese sympathische Trattoria auf ein knapp 90 Jahre altes Leben zurück. 1923 kümmerte sich der Gründer noch selbst um die Bewirtung in seiner Taverne. Seine Frau bereitete köstliche Hausmannskost zu, die großen Anklang bei den Gästen fand. Bis in die 70er Jahre hinein leitete die Familie Grandini das Restaurant, bis es 1971 von den heutigen Besitzern übernommen wurde. Die Trattoria befindet sich noch heute im Besitz der Familien von Enzo und Piero und bietet ein familiäres Umfeld, in dem Sie sich wie zu Hause fühlen können.

Der freundliche Chef Aldo Marzocchi bereitet mit Herz für Ihren Gaumen bestimmte toskanische

Köstlichkeiten zu. Authentische Speisen und eine einladende Atmosphäre erwarten Sie in dieser Trattoria. Die traditionelle Weinkarte prahlt vor allem mit großen Namen wie Chianti und Brunello di Montalcino. Hier erwartet Sie die authentische Toskana!

ENOTECA PITTI GOLA E CANTINA

$-$$

Falls Sie auf der Suche nach einer typische Weinbar sind, kann ich Ihnen nur die Weintheke *Pitti Gola e Cantina* direkt auf dem *Piazza de Pitti*, ans Herz legen. Sie befindet sich gegenüber des *Palazzo Pitti*, auf dem *Piazza de Pitti* und bietet damit einen wunderbaren Ausblick.

In den geschmackvoll eingerichteten Räumen erkennt man sofort die Detailfreude der Besitzer. Sie verströmen Hingabe zur Wein- und Küchenkultur. Fundiertes Wissen spiegelt sich in der erstklassigen Beratung wieder, die Ihnen hier geboten wird. Das schlichte, dennoch erstklassige Menü bietet kunstvoll angerichtete Speisen. Die Weinkarte lässt keinen Wunsch des Genießers offen. Verkostungen stehen ebenfalls zur Verfügung, das beliebte *Wine*

Tasting Lunch bietet die perfekte Gelegenheit, um ein größeres Spektrum an Weinen kennenzulernen. Die verschiedenen Weine begleiten hier das extra dafür entworfene Menü des Chefkoches, welches aus drei Gerichten besteht. Diese *Enoteca* ist ein wahrer Schatz unter den Weintheken, daher kann auch hier eine Reservierung bei Stoßzeiten nötig werden

Die Haltestelle *Piazza San Felice* liegt am nächsten zum Palast. Sie erreichen sie über die Buslinie 11 Richtung *Salvatino*. Viel Spaß beim Genießen!

(Diese Enoteca gehört zur *Osteria dell'Enoteca* in der Via Romana 70R)

IL RIFRULLO

$-$$

Im Stadtviertel Oltrarno, nahe der Ufer des Arno, am Ende der Via di S. Niccolò findet sich diese kleine Caffeteria. Sie vereint einen sympathischen Vintage-Stil mit einem Klecks moderner Kunst. Es gibt hervorragenden Kaffee, köstliche Aperitifs, frisches Gebäck, reichhaltige Buffets und erfrischende Cocktails. Die freundliche Belegschaft macht es einem leicht, länger auf der Sommerterrasse zu verweilen, auf der bezaubernde Live-Musik gespielt wird. Damit darf man wohl mit Recht behaupten, Il Rifrullo sei ein kleiner Schatz unter den florentinischen Trattorie. Sie ist auch unter Einheimischen sehr beliebt und ist jederzeit einen Besuch wert.

MICHELIN-STERNE

$$$-$$$$

Die hochangesehene Gourmet-Auszeichnung des Reiseratgebers von *Michelin* gilt als das höchste Ziel eines ambitionierten Restaurants. Falls Sie in einem Lokal solcher Klasse speisen, können Sie fest mit höchsten Standards in allen Bereichen der Gastwirtschaft rechnen. Die ausgewählte Inneneinrichtung ist in jedem dieser Restaurants einzigartig und spiegelt mit Anmut und Eleganz die Persönlichkeit des Besitzers wieder. Service, Speisen und Getränke zeugen von höchstem Niveau. Alles wurde mit geradezu wahnwitziger Detailtreue ausgewählt, aufeinander abgestimmt und dann mit genauester Präzision ausgeführt.

Die Chefköche der Michelin-Sterne Restaurants arbeiten nicht in der Küche, sie leben sie. Ob klassisch oder einzigartig, ihre Gerichte sind höchste Kunst und ausnahmslos auf Perfektion geeicht.

In Florenz lassen sich viele dieser extravaganten Restaurants finden, allerdings sind sie selbstverständlich mit hohen Kosten verbunden. Diese Stars unter den Restaurants sollen aber trotzdem nicht unerwähnt bleiben, falls Sie in die Versuchung kommen sollten, die extravaganten Gerichte zu kosten. Es muss wegen hoher Nachfrage praktisch immer vorher reserviert werden. Rechnen Sie also auch mit hohen Wartezeiten bei der Vergabe der Tische!

Standorte
Gucci Garden Osteria, Piazza della Signoria 10
Enoteca Pinchiorri, Via Ghibellina 87
Ora d'aria, Via dei Georgofili 11R
Borgo San Jacopo, Borgo San Jacopo 62R
La Bottega del Buon Caffè, Lungarno Cellini 69R

Florentiner moveda: Partyvolk

D ie einheimischen Partygänger verstehen sich bestens darauf, die Nacht lebendig werden zu lassen. Beim Tanzen lassen sie ihrer Energie freien Lauf. Unzählig sind die Sehenswürdigkeiten in Florenz, ebenso die Möglichkeiten, die Nacht zum Tag zu machen. Touristen und Studenten aus aller Welt treffen sich hier, um zusammen das Leben zu feiern. Ob Bars mit romantischer Atmosphäre oder heiße Disconächte für das Partyvolk, ob laute Konzerte oder betörender Smooth-

Jazz, ob moderne Theaterstücke oder klassische Opern, Florenz ist zu jeder Uhrzeit ein lebendiger Ort.

Die meisten der typischen Ziele der Florentiner *moveda* liegen, genau wie die beliebtesten Sehenswürdigkeiten, im historischen Zentrum, dem *centro storico*. Es lassen sich hier neben den üblichen Cafés, Bars und Lounges auch viele Irish- und English-Pubs finden. Über die Favoriten des Florentiner Partyvolkes will ich Ihnen in diesem Abschnitt einen Überblick verschaffen.

SPACE CLUB FIRENZE

$$$

Falls Ihnen der Sinn nach einer unvergesslichen Partynacht steht, ziehen Sie in Erwägung, den Space Club Firenze zu besuchen. Dieser bekannte Nachtclub ist mitten in der historischen Innenstadt ansässig und ist über ein paar Minuten Fußweg südlich des Hauptbahnhofes, in der Via Palazzuolo, leicht zu finden.

Dieser Club blickt auf eine über 50 Jahre alte Geschichte zurück und ist heute fester Bestandteil der Florentiner Nachtclub-Szene. Hochmodern ausgestattet bietet sie die bestmögliche Klangerfahrung, die der Markt zu bieten hat. Die angesagtesten DJs und Artisten spielen für Sie die heißesten Songs, zu denen sich auf der größten Tanzfläche im Zentrum Florenz' nach Herzenslust bewegt wird.

DOLCE VITA

$$-$$$

Auf dem *Piazza del carmine* befinden sich außer der kleinen *Cappella Brancacci* und Basilika, nicht weit südlich des *Arno*, die exzellente Lounge-Bar *Dolce Vita*. Ein größerer Outdoor-Bereich, moderne Ausstattung und das umfangreiche Angebot des Lokales macht es zu einem absolut nennenswerten Location. Die Buslinie 6, Richtung *Novelli*, führt mit der Bushaltestelle *San Frediano Serragli* am nächsten heran.

Besonders hervorzuheben ist die moderne Bar mit einer breitgefächerten Auswahl an erfrischenden Drinks, exotischen Cocktails und selbstverständlich guten Weinen. Und falls Sie sich nicht entscheiden können, greift der freundliche Barkeeper Ihnen mit einer fundierten Beratung gerne unter die Arme. Zum *aperitif* gehören hier gute Drinks, herzhafter Käse und würzige Salami. Aber auch größere kunstvoll angerichtete Speisen können gekostet werden. Die Speisekarte ist flexibel. Es lassen sich zeitgenössische Gerichte, wie saftige Hamburger aber auch traditionelle Fleisch- und Fischgerichte, auf ihrer Speisekarte finden. Serviert werden diese von den jungen Servicekräften, die durch Begeisterung und Professionalität strahlen. Besonders am Wochenende heizt sich die Atmosphäre bei Live-Musik und den heißesten Songs der lokalen D's auf. Also wagen Sie einen Besuch, der Champagner liegt bereits auf Eis!

BITTER BAR

`$$`

Dieser Nachtclub überzeugt mit bestechendem Vintage-Stil, kunstvoll gestalteten Drinks und einem Spritzer geschmackvollem Humor. Die Inneneinrichtung besteht aus gemütlichen Vintage-Sofas, Wahlscheiben-Telefonen und Schirmlampen. Auf den antiken Stühle und Schränken stehen neben entzündeten Kerzen, sympathische Vasen und Bilderrahmen. In prunkvolle Rahmen eingefasste Spiegel hängen an den pastellfarbenen Wänden. Es schwebt sogar eine alte Bahnhofsuhr über den Köpfen der Gäste.

Sympathische Cocktails unterstreichen den reizenden Charakter dieser Bar. Sie sind nicht nur köstlich, die Gestaltung benötigt außerdem großes Geschick bei der Herstellung. Diese Bar bietet alle Grundlagen für eine tolle Partynacht!

WEITERE

Mayday Club, Via Dante Alighieri 16R

***Maggio Musicale Fiorentino**, ältestes Opernfestival Italiens zwischen Anfang Mai und Ende Juli.*

Suggerimenti – Die heißesten Tipps

FIRENZECARD

$$

Sollten viele Museen und Ausstellungen auf Ihrer Checkliste stehen, ziehen Sie in Erwägung, die *Firenzecard* zu buchen. Sie kostet etwas über 80, - €, bietet allerdings unbestreitbare Vorteile und spart Ihnen viele Stunden Zeit. Sie haben mit ihr kostenlosen Zutritt in etwas über 70 Attraktionen und ihre permanenten und temporären Ausstellungen. Ab dem Eintritt in das erste Museum gilt dieses Angebot für 72 Stunden. Mit dieser Karte verfallen auch lästige Reservierungen, denn diese werden, falls möglich, automatisch online für Sie ein-gebucht. Des Weiteren haben Sie die Möglichkeit, für einen kleinen Aufpreis zusätzlich die *Frenzecard+* zu buchen mit der Sie 72 Stunden die öffentlichen Ver-kehrsmittel frei benutzen können. Alle weiteren In-formationen finden Sie auf der Webseite der *Firenze-card*, welche auch auf deutscher Sprache verfügbar ist.

MERCATO CENTRALE

`$-$$`

Einen Katzensprung vom Hauptbahnhof entfernt, in Richtung Osten, liegt der rege Stadtmarkt. Umringt von einigen kleineren Verkaufsständen mit leichter Kleidung und Accessoires, befindet sich der Markt im Inneren des vom Architekten *Giuseppe Mengoni* entworfenen Gebäudes aus dem 19. Jh.

Neben kleineren Flohmärkten gehört der Stadt-markt zu einer der besten Gelegenheiten, um das Treiben der Bewohner Florenz' zu erleben. Alle Fa-cetten der toskanischen Küche haben sich hier ver-sammelt, um ihre Speisen und Zutaten darzubieten. Dicht aneinander gepackt reihen sich saftige

Früchte, kräftiges Gemüse, Gourmetfleisch, frische Meeresfrüchte und herzhafter Käse und vieles, vieles mehr. Es gibt auch günstige Snacks für zwischendurch, wie zum Beispiel belegte Schnitten. Gesund und sehr lecker!

MUSEO SALVATORE FERRAGAMO

$

Für Modebegeisterte ist das Kunstmuseum *Salvatore Ferragamo*, zwischen den Ufern des *Arno* und dem *Palazzo Bartolini* gelegen, ein gefundener Schatz. Besonders wenn Sie an der italienischen Fashionkultur interessiert sind. kommen Sie hier definitiv auf Ihre Kosten. Es wird über das Leben des *Salvatore Ferragamo*, seine gleichnamige Firma und seiner Mitbegründer berichtet.

Ferragamo war einer der einflussreichsten Florentinischen Schuhdesigner des 20. Jahrhunderts. Er wanderte 1914 im Alter von 16 Jahren nach *Bosten, Massachusetts*, in die USA aus. Schon früh galt sein Interesse den Schuhen. Im grazilen Alter von 9 Jahren stellte *Salvatore* bereits sein erstes Paar Schuhe, für sich und eine seiner Schwestern, her. Er hatte

seine Berufung gefunden. Seine erste Werkstatt er-
öffnete 1923 ihre Tore in *Hollywood*, Kalifornien und
war für seine innovativen Schuhideen bekannt.
Schon bald produzierte er für Filme und ihre Stars
und setzte damit eine Erfolgskaskade in Gang. Das
spätere Unternehmen wuchs weiter und hat sich
mittlerweile zu einem weltweit agierenden Mode-
konzern mit Hauptsitz in Florenz entwickelt. Das
Museum ist außerdem Treffpunkt und Schulungsort
bedeutender Seminare der zeitgenössischen Mode-
und Fashion-Szene.

Mit einem Ticketpreis von etwa 10,- € ist der Besuch in diesem Museum durchaus erschwinglich und
eine gute Investition Ihrer Zeit.

GIARDINO BARDINI

$-$$

Nicht weit vom *Piazzale Michelangelo* entfernt, in
Richtung Westen, nahe der viel größeren *Boboli-G*är-
ten befindet sich der *Bardini*-Garten. Er hat erst
2005, nach einer millionenschweren Renovierung,
seine Tore für die Allgemeinheit eröffnet. Selbst zu
diesem Tage sind die Gärten nur wenigen Reisenden

bekannt und sind daher ein kleines Juwel mitten in Florenz. Sie beherbergen wunderschön arrangierte Beete, farbenfrohe Blumen und Barock-Skulpturen. Des Weiteren eröffnet jede der Terrassen im oberen Bereich der Gärten neue großartige Blickwinkel auf ganz Florenz. Ursprünglich wurde der Garten im 13. Jh. nach den Plänen der *Mozzi*-Familie angelegt. Über die Jahrhunderte hinweg wurden Bereiche immer wieder überarbeitet und neue kamen hinzu.

Der Weg hinauf ist steil, daher sollten Sie festes Schuhwerk einplanen. Am oberen südlichen Ende des Gartens werden Sie von mehreren sagenhaften Villen aus dem 14. Jh. begrüßt. Dort können Sie Ihre Mühe auch mit einem Kaffee, einem Glas Wein oder etwas zu Essen in der *Loggetta di Villa Bardini* belohnen, die von ihrer Terrasse aus ebenfalls einen großartigen Ausblick auf Florenz bietet und somit auch Gelegenheit bietet, den unvergesslichen Moment in einem erstklassigen Urlaubsfoto festzuhalten.

Ein wenig weiter lässt sich ein kleines Museum in der *Bardini*-Villa finden, in der sich unter anderem Werke des Künstlers *Pietro Annigoni* finden lassen. Bei einer Besichtigung der Gärten kann mit einem Ticketpreis von etwa 15,- € pro Erwachsenen gerechnet werden. Der Besuch der in der Nähe gelegenen *Boboli*-Gärten sollte im Preis enthalten sein. Für den Besuch im Museum muss mit Extrakosten gerechnet werden.

NOTE DI VINO E... (DI ANDREA MEUCCI)

$-$$

Falls Sie auf der Suche nach typisch toskanischen Weinen und einer exzellenten Beratung sind, wäre dieser gemütliche Kleinladen möglicherweise etwas für Sie. Die zwei Besitzer, Wein- und Feinkostexperten, stehen Ihnen mit Rat und Tat zur Seite. Ganz auf Ihren Geschmack abgestimmt, werden vollmundige Rotweine, deftiger Käse und würziges Rauchfleisch empfohlen. Probieren Sie doch einmal den salzigen Hartkäse *Pecorino Romano* aus Schafsmilch, der charakteristisch für die Toskana ist. Die passenden Waren lassen sich selbstverständlich vor dem Erwerb verkosten. Ob spritziger Prosecco, lieblicher Rosé oder trockener Weißwein, hier schlägt das Herz eines jeden anspruchsvollen Genießers höher und das zu einem freundlich niedrigen Preis.

Der kleine Laden liegt mitten im Stadtviertel *Soffi-ano* zwischen *L'Isolotto* und *Oltrarno* auf der *Via dell'Olivuzzo*. Am besten lässt er sich mit der Buslinie 6 in Richtung *Torre Galli* erreichen, die Bushaltestelle ist quasi vor der Tür. Achtung: Am Wochenende hält der Bus nur ein wenig früher an der Haltestelle *Batoni*, von der Sie noch ein kleines Stück zu Fuß über die *Via Giovanni Antonio Dosio* in Richtung Süden gehen müssen.

JAZZ CLUB FIRENZE

$-$$

Wenn Sie auf der Suche nach einem authentischen Jazz-Erlebnis sind, werden Sie sich im Jazz Club Firenze heimisch fühlen. Mit vibrierender Atmosphäre und kühlen Getränken, lockt der Club sowohl einheimische Florentiner als auch internationale Studenten in seine Räume. Mit der Hingabe eines Liebenden spielen die Musiker sich hier ihre Seele vom Leib. Wenn es um Live-Musik geht, ist dieses Lokal geradezu ein Muss unter den Florentinern.

Von der Kathedrale Santa Maria del Fiore sind es nur zehn Minuten Fußweg. Am besten gelangen Sie dorthin, wenn Sie der Via dell' Oriuolo in Richtung Osten folgen und dann vor dem Piazza Gaetano Salvemini in nordöstliche Richtung auf die Borgo Pinti abbiegen und dieser etwa fünf Minuten folgen. Achtung: Der Eingang befindet sich ein kleines Stück die Via Nuova de' Caccini hinauf. Hausnummer 3.

Für den Eintritt benötigt der Gast eine Mitgliedskarte, die für etwa 7,- € erworben werden kann. Dazu gibt es ein kostenloses Getränk nach Wahl.

Lo sapevi che...? -

Wussten Sie, dass (Lo sapevi che) Florenz als Ursprungsort der modernen italienischen Sprache gilt? Im Mittelalter wurde neben verschiedenen Volkssprachen auch noch Latein gesprochen. Erst mit dem großen Einfluss des gebürtigen Florentiner Dichters *Dante Alighieri* entstand das so schön klingende Italienisch, so wie wir es heute kennen. Er verwendete den Florentiner Zungenschlag in seinem wohl größten Werk *La Divina Commedia*, die „Göttliche Komödie" und prägte damit nachwirkend die italienische Sprache. *Dante* gehörte zu den *tre corone fiorentine*, den drei florentinischen Kronen. Diese drei Persönlichkeiten, *Dante Alighieri*, *Giovanni Boccaccio* und *Francesco Petrarca,* der Begründer des Humanismus, werden oft als geistige Väter der Renaissance genannt.

Lange Nase

Die Geschichte des *Pinocchio* stammt aus der Feder des florentinischen Schriftstellers und Journalisten *Carlo Collodi.* Leider erlebte er nicht mehr, wie sein Roman *Die Abenteuer des Pinocchio* Weltruhm erlangte. Er verstarb im Jahre 1890 und erst einige Jahrzehnte später, im 20. Jh., wurden seine literarischen Werke weitläufig als wertvoll anerkannt.

Too old to fail

In der Toskana befindet sich das älteste Kreditinstitut der Welt, die *Banca Monte dei Paschi di Siena*. Sie wurde im Jahre 1472, unter dem Namen *Monte Pio*, gegründet. Erst etwa 150 Jahre später erhielt sie ihren heutigen Namen. Sie ist mit rund 23.000 Mitarbeitern international tätig und durch ein Rettungspaket der italienischen Regierung hält diese knapp 70% der Aktien (Stand: 2018). Gründungsort und Hauptsitz der Bank ist *Siena*, nicht weit südlich von

Florenz.

Schritt für Schritt

Die für Florenz typischen schmalen Pflasterstraßen, waren die ersten Europas. Auch in anderen italienischen Städten lassen sie sich finden, allerdings waren die Florentiner 1339 die Ersten, die ihre Wege pflasterten. Selbstverständlich gab es vor ihnen schon die eifrigen Römer, die für ihre antiken Schnellwege durch ganz Italien berühmt sind, doch mit dem Römischen Reich zerfielen auch ihre Straßen über die Jahrhunderte hinweg. Hingegen sind die der Florentiner heute noch erhalten. In Florenz wandert man also buchstäblich auf den Spuren des Mittelalters.

Morbides Interesse

Nach einem Mordanschlag im Rahmen der sogenannten *Pazzi*-Verschwörung, um die Familie *Medici* zu entmachten, wurde der Attentäter *Bernardo Bandini Baroncelli* an einem Galgen hingerichtet. Einer der Anwesenden, der die zur Schau gestellte Leiche begutachtete, kritzelte eine Zeichnung des baumelnden Attentäters in sein Notizbuch. Diese Person war kein anderer als *Leonardo da Vinci*. Akribisch notierte er sogar die Farbe und Art der Kleidung, die der Verurteilte trug. Diese recht obskure Skizze befindet sich heute im *Musée Bonnat-Helleu* in Frankreich.

Doppelt gut

Der weltberühmte Wein *Chianti*, dessen bauchige Flasche charakteristisch mit Stroh ummantelt ist und leer vielerorts als Kerzenträger verwendet wird, stammt aus einem Anbaugebiet nicht weit südlich von Florenz.

Der Teufel trägt Prada, der Florentiner Gucci

Die Designer-Marke *Gucci* wurde 1921 von *Guccio Gucci* in Florenz gegründet. Anfangs verkaufte seine Werkstatt Lederwaren, wie Hand-, Gepäcktaschen und Schuhe von hervorragender Qualität. Später expandierte das Unternehmen und erreichte weltweite Anerkennung durch seine luxuriösen Fashionideen.

Unterricht beim Spielen?!

Florenz wurde neben anderen Städten der Toskana im Videospiel *Assassin's Creed II* (2009) von *Ubisoft* originalgetreu nachgebildet. Historisch bedeutende Orte   sind   sogar   mit   fundierten

Hintergrundinformationen ausgestattet, sodass der Spieler Florenz nicht nur visuell kennenlernt, er kann auch über die Geschichte des Ortes nachlesen.

Arrivederci!

Ich hoffe, es hat Ihnen genau so viel Spaß gemacht wie mir, diese wundervolle Stadt zu erforschen. Sie kennen nun die Geschichte Florenz', das Leben ihrer Bewohner, die beliebtesten Sehenswürdigkeiten, Hotels und Restaurants, wohin das Florentiner Partyvolk des Nachts zieht und einige Tipps. Nach der Lektüre dieses Ratgebers sollten Sie Ihre Reise nach Florenz nun selbstsicher antreten können und Ihren Urlaub zu etwas Unvergesslichem machen.

Es gibt so vieles, was diese prachtvolle Stadt zu dem macht, was sie ist, aber nur so wenig Zeit, um dieses zu entdecken. Jeder Reisende muss Florenz selber erfahren. Die warme Sonne spüren, die Luft der Toskana atmen und das Essen der Einheimischen kosten. Ich wünsche Ihnen dabei einen traumhaften Aufenthalt und viele Augenblicke, an die Sie gerne zurückdenken werden.

Nun bleibt nur noch eines zu sagen: **Arrivederci!**

Herstellung und Verlag:
BoD – Books on Demand, Norderstedt
ISBN: 9783751907071

1. Auflage
Kontakt: Psiana eCom UG/ Berumer Str. 44/ 26844 Jemgum
Covergestaltung: Fenna Larsson
Coverfoto: depositphotos.com

FSC

www.fsc.org

MIX

Papier aus ver-
antwortungsvollen
Quellen
Paper from
responsible sources

FSC® C105338